GEORGES **ROSE** FILS

Peintre

de talent

VAUDEVILLE EN UN ACTE

*Représenté pour la première fois à la SIRÈNE, à la FAUVETTE
et au CONCERT d'ARRAS, septembre 1901.*

2 H.   3 F.

PARIS

C. JOUBERT, Editeur, 25, rue d'Hauteville.

Répertoire de la Société Lyrique.

Anciennes Maisons BRANDUS & JOUBERT réunies

C. JOUBERT, Successeur

ÉDITEUR DE MUSIQUE

PARIS. — 25, Rue d'Hauteville, 25. — PARIS

RÉPERTOIRE

DES OUVRAGES DE CONCERT EN UN ACTE

ABRÉVIATIONS : D. Veut dire du répertoire de la Société Dramatique, 8, rue Hippolyte Lebas. — Le surplus appartient au répertoire de la Société Lyrique, 10, rue Chaptal.

LOC. Veut dire : La musique n'est qu'en location et ne se vend pas.

Opérettes et Vaudevilles de Concert

AUTEURS	TITRES DES ŒUVRES	Hommes.	Femm	Prix nets
Saint-Maurice..	Abricot (L') d	troupe	»	loc.
D. Campisiano..	Absalon	2	1	5 »
Vallès-Garnier.	Affaire Cœurdeveau (L').	5	1	loc.
St-Paul-G. Rose fils.	Agence est au-dessus (L').	3	3	
F. Bernicat..	Agence Rabourdin (L').	1	1	5 »
Japy.	A huitaine..	troupe	»	5 »
C. Roland..	Aiguilleur (L') d	1	1	loc.
Bessière-Ruffier.	Ami Vandière (L) d	7	6	loc.
Lebreton-St-Paul.	Amour en dentelles (L').	2	2	loc.
G. Street..	Amour en livrée (L').	3	1	5 »
Desormes..	Amour et l'appétit (L').	1	1	4 »
Vallès-Garnier..	Amour et sauvetage.	3	2	loc.
A. Petit..	Amoureux d'Yvonne (Les) d	5	3	loc.
V. Roger..	Amour Quinze-Vingt (L')	3	1	4 »
Dottin, Boulay-Layrice.	Amours d'un piston (Les)	3	2	loc.
Desormes..	Antoine et Cléopâtre d	2	1	4 »
Bessier-Moreau..	Aphrodites (Les) d.	4	8	loc.
Dorfeuil-Moreau	Après la vie de Bohême d.	troupe	»	loc.
J. Emmecé..	A qui le gosse ?	troupe	»	loc.
Monnery-Marien.	Argot tel qu'on le parle (L)	5	3	loc.
M. Chautagne..	Arracheuse de dents (L').	2	1	4 »
Dourel, Bordel, Honjardin	Artistes pour rire d	6	4	loc.
Géraldy..	Ascension du Mont-Blanc(L')	1	1	4 »
L. Martin-Duhem	Auberge du Tambour battant (L')	2	2	loc.
Oudot-de Gorsse	Au Chat qui pelote d.	troupe	»	loc.
Banès..	Au Coq huppé.	3	2	5 »
Uzès..	Au soleil d'or d.	3	2	6 »
Lebreton-Moreau	Au temps des cerises d.	5	3	loc.
Guérineau...	Auteur par amour.	1	2	5 »
Lebreton-Moreau	Autour d'une guérite d.	3	2	loc.
Henry Moreau.	Avant le bal.	1	1	3 »
Colange, Garofalo, Combrel	Baba Bouzouck d.	5	6	loc.
Deransart...	Baigneur et nageuse.	1	1	3 »
Autigeon, Dourel-Roydel.	Baigneuses de Cocotteville(Les)	5	9	loc.
Leserre..	Barbe-Bleue.	1	»	2 »
Ratcée-Tranchant.	Bataillon Desroches (Le) d.	10	10	loc.
Autigeon-Desplau...	Battage (Le).	2	1	loc.
A. Moyne..	Béguin d.	2	1	loc.
Mestre-Aubry.	Belle-Dinde (La).	9	11	loc.
Lebreton-St-Paul.	Belle-mère est sans pitié (La).	2	2	loc.
Moreau-Touzé.	Belle-mère, nouveau jeu.	1	3	loc.
Wachs..	Bibi ou l'Enfant de l'Amour.	1	1	4 »
Cellier-Joullot.	Boudoir discret.	2	1	loc.
Moreau-Gramet.	Bougnol et Bougnol.	4	2	loc.
Villebichot..	Boum ! Servez chaud.	3	2	4 »
Hubans..	Brelan de bègues.	2	1	5 »
F. Bernicat..	Cadets de Gascogne.	troupe	»	7 »
Banès..	Cadiguette (La).	1	1	5 »
Javelot..	Calino amoureux.	2	1	3 »
Lebreton et Soudant.	Camelots (Les).	6	5	loc.
Chevalet-Audray	Canne d'un grand homme(La)d	2	2	loc.
Lebreton-Moreau	Ça porte bonheur	5	3	loc.
V. Herpin..	Capricorne (Le).	troupe	»	loc.
F. Barbier..	Carmagnole (La).	3	3	5 »
Lebreton-Moreau	Carnaval conjugal (Le) d.	9	9	loc.
A. Berthon..	Carnaval des 4 z'arts.	6	2	loc.
Autigeon-Desplau.	Cascadin et Cie.	6	5	loc.
Chabaud, Colange Tranchant	Ce pauvre Bobinet.	2	1	loc.
E. Soudant.	Ces canailles de couturières! d	6	6	loc.

AUTEURS	TITRES DES ŒUVRES	Hommes.	Femm	Prix nets
Chelu..	Chambre à louer	1	1	2 »
Cuvillier..	Chambre à part d.	4	2	loc.
Henry Moreau..	Chambre de bonne d.	3	2	loc.
V. Roger..	Chanson des Écus (La).	3	1	4 »
P. Henrion..	Chanteuse par amour (La) d.	»	1	6 »
E. André..	Chaos (Le).	1	1	4 »
Moreau-Boucherat..	Chasse royale d.	troupe	»	loc.
Lebreton-Moreau	Chasseurs Alpins (Les) d	6	6	loc.
Cieutat..	Chaste Suzanne (La) d.	troupe	»	4 »
H. Gilbert..	Chaste Suzanne.			
Yvel..	Chéri des Dames	troupe		loc.
Dourel, Roydel, E. René	Chevalier Tric-Trac (Le)	2	8	loc.
Dourel-Roydel	Chez la Costumière d.	troupe	»	loc.
Meynard..	Chez le dentiste.	3	1	8 »
Lhuillier..	Chez les Corniquet	1	»	1 »
G. Rosenquest.	Chicard et Béhé.	1	1	4 »
Bomier..	Chien et Chat d.	4	1	5 »
Boulay-Layrice.	Choc en retour d.	2	2	loc.
Moreau-Gramet..	Cinq contre un.	3	3	loc.
E. Brasseur-L.T.	Circulaire du Préfet (La).	6	2	loc.
Villebichot...	Cirque Ponger's (Le).	troupe	»	6 »
Bessière..	Clou (Le).	2	2	loc.
L. Collin..	Coco Bel-Œil	3	1	6 »
A. Petit..	Cocotte et chiffonnier	1	1	5 »
Villemar-Delorme-Péricaud	Colosse de Rhodes (Le).	3	»	4 »
A. Petit..	Confections pour dames.	2	4	5 »
L. Bouvet-Schmoll.	Congrès des Cocottes (Le)	5	7	loc.
Lebreton-Moreau..	Conscrits bretons (Les) d.	7	5	3 »
L. Collin..	Conscrit tyrolien (Le)	1	1	3 »
E. Brasseur..	Constat d'adultère	6	3	loc.
Habrekorn et P. Marc	Contes de Piron (Les).	2	10	loc.
Lebreton-Moreau	Contrôleur des Wagons-Bars (Le)	5	3	loc.
Lebreton-Moreau..	Cote et Cocottes.	4	4	3 »
C. Roland.	Courroie (La)	2	1	loc.
J. Darc et G. Habrekorn	Course aux pantalons (La) d	6	4	loc.
Guillemaud-de Marsan..	Culotte à l'envers (La)	15	10	loc.
De Roze et d'Arsay	Culotte du marié (scène) (La).	1	»	1 »
Lebreton-Moreau..	Dans cent ans d.	troupe	»	loc.
Sourilas..	Dégrafée d.	3	3	5 »
Cellier-Gramet.	Demoiselles Plumemboy (Les)	3	4	loc.
Marc Sonal-Pierre Lamey	Départ du régiment (Le) d.	5	10	loc.
St-Paul-G. Rose fils	Dernière carotte (La)	3	2	loc.
L. Lefèvre..	Dernier verre (Le).	2	1	4
F. Barbier..	Deux amours de chandeliers.	1	1	5 »
F. Matz..	Deux avares (Les) d.	2	1	8 »
Ch. Hubans..	Deux coqs vivaient en paix..	2	1	6 »
F. Gracia..	Deux estafiers (Les)..	2	»	2 »
Vallès-Garnier.	Deux femmes de M. Grochose (Les).	3	2	loc.
M. Chautagne.	Deux muses (Les)	2	2	4 »
F. Barbier..	Deux parfaits notaires (Les).	2	»	4 »
Hervé-Lecocq..	Deux portières pour un cordon d	3	»	4 »
Moreau-Boucherat.	Diable au Moulin (Le)	4	8	loc.
Gramet-Talber.	Doigt coupé (Le)	troupe	»	loc.
Léon Laroche.	Domestique pour rire (Un).	1	1	4 »
Saint-Maurice..	Doubles Vierges (Les) d.	troupe	»	loc.
Sourilas..	Drapeau jaune (Le) d.	4	2	4 »
Bouvet-Sevry.	Dupont et Dupont.	4	3	loc.
Dottin, Boulay-Layrice..	Duriflard	5	2	loc.
L. Bouvet-Schmoll	Echange de bals.	5	5	loc.

PEINTRE DE TALENT

Georges **ROSE** Fils

Peintre de talent

VAUDEVILLE EN UN ACTE

*Représenté pour la première fois à la SIRÈNE, à la FAUVETTE
et au CONCERT d'ARRAS, septembre 1901.*

2 H. 3 F.

PARIS

C. JOUBERT, Éditeur, 25, rue d'Hauteville.

Répertoire de la Société Lyrique.

Tous droits de traduction, de représentation et de reproduction réservés pour tous pays.

RÉPERTOIRE GEORGES ROSE FILS

Auteur

Pièces en un Acte

Chez JOUBERT, Éditeur, 25, rue d'Hauteville, 25, PARIS

Année 1901

Agence générale SOUCHON, 10, rue Chaptal
A LA SOCIÉTÉ LYRIQUE

	Hommes	Femmes.
PEINTRE DE TALENT, *vaudeville*	2 —	3 —
LE PRESTIGE DE L'UNIFORME, *vaudeville* (avec Ryvez).	4 —	2 —
LE GREFFEUR, *vaudeville.* (—).	4 —	3 —
FAIS-ÇA POUR MOI, *vaudeville* (avec Saint Paul).	3 —	1 —
POUR AVOIR LA FILLE, *vaudeville.* (—).	4 —	3 —
« ORDONNANCE » MALGRÉ LUI !.. *vaudeville* (—).	3 —	2 —
LA DERNIÈRE CAROTTE, *vaudeville* (—).	3 —	2 —
L'AGENCE EST AU-DESSOUS, *vaudeville* (—).	3 —	3 —
LA DAME AUX BLUETS, *vaudeville* (—).	2 —	2 —

PEINTRE DE TALENT

VAUDEVILLE EN UN ACTE

Vaudeville en un acte représenté pour la première fois à la SIRÈNE à la FAUVETTE et au CONCERT D'ARRAS, Septembre 1901.

DE Mr GEORGES ROSE FILS.

PERSONNAGES

	(A la Fauvette)	(Au Concert d'Arras)
CARON, rentier, 55 ans, poivre et sel . . .	MM. POMARD.	MM. STELLAIN.
ERNEST, amoureux comique, 25 ans . . .	ROSIEN.	DELAUNAY.
LÉONIE, 25 ans, modèle montmartrois . .	Mmes CHARLOTTE MARTENS.	Mmes GISÈLE.
ANGÈLE, femme de Caron, 30 ans . . .	MARIO.	DOWE.
Mme LIOUTARD, duègne, belle-mère de Caron.	ANGÈLE MAURICE.	KARITA.

La scène se passe à Paris de nos jours.

Salon . Portes, au fond, à gauche 1er et 2e plans, droite 1er et 2e plans. Canapé à gauche... Presqu'au milieu de la scène, un petit tremplin... A droite, de 3/4, un chevalet de peinture.. chaise faisant face au chevalet... Tabouret près de la chaise, à droite, sur lequel une boîte à couleurs... un peu au-dessus, un paravent... Appuyées aux pieds du chevalet, 4 toiles (ou grands cartons).. Chaises 1er plan droite et fond gauche. (appareil téléphonique) si possible Toutes les indications sont prises de la gauche du spectateur ; les N^{os} commencent à gauche.

SCÈNE PREMIÈRE

Caron, 2, Ernest, 1.

ERNEST, qui est monté sur la chaise de gauche au fond tournant le dos au public, détournant la tête et s'adressant à Caron. Ernest tient un des tableaux.

Voulez-vous, monsieur, me passer, sans vous commander, un clou à crochet et le marteau.

CARON, prenant le marteau sur la chaise de droite.

Voilà !.. Que pensez-vous de cette ébauche que vous suspendez au mur ?

ERNEST, toujours sur la chaise, après avoir accroché l'ébauche (une toile blanche).

C'est un beau commencement !..

CARON

Un effet de neige... Un franc quarante, chez un brocanteur.

ERNEST

Monsieur veut-il avoir la bonté de me dire si je suis droit ?

CARON

Si vous êtes droit ?

ERNEST

Si le tableau est d'aplomb ?

CARON, *regardant.*

Oui... Du reste, il est inutile qu'il soit droit... Si vous avez déjà visité des ateliers de peintres, vous devez savoir que les ébauches sont suspendues au petit bonheur... Tenez, il y a encore trois toiles non terminées, vous les placerez là... ici... et là... *(Il désigne trois panneaux du salon)* Les clous sont tout posés.

ERNEST, descend de sa chaise, prend le premier tableau appuyé sur les pieds du chevalet. (Il n'y a qu'un peu de bleu en haut).

Tiens ! qu'est-ce que c'est que ça ?.. Un plat d'épinards ?

CARON, *qui a passé n° 1.*

Profanation !.. *(Prenant le tableau)* C'est un paysage de Venise... le ciel bleu.

ERNEST, reprenant le tableau qu'il va accrocher dans le panneau à gauche.

Ah ! très bien !..

CARON, *gagnant le n° 2.*

L'artiste n'a pas eu le temps de finir... C'est un tableau qui aurait valu peut-être... vingt mille francs.

ERNEST

Pas possible ?

CARON

Moi, je l'ai payé trente-deux...

ERNEST, *se tournant brusquement et manquant de tomber.*

Trente-deux mille francs !?

CARON, *levant les épaules.*

Mais non, trente-deux sous !

ERNEST, *descendant.*

Je me disais aussi !..

CARON, *prenant le second tableau au pied du chevalet où il y a du vert aux 3/4.*

Et celui-ci !!..

ERNEST

Ça, c'est un impressionniste... un ciel vert.

CARON

Décidément, Ernest, mon cher Ernest... vous manquez de sens artistique... Alors ce vert ne vous dit rien ?.. Tenez, vous me faites de la peine !

ERNEST

Je ne vois pas !..

CARON

Vous ne voyez pas !.. vous ne voyez pas !.. Enfin. C'est un ouragan en pleine mer l'Océan déchaîné menace le ciel de ses lames !!!..

ERNEST

De ses lames !?..

CARON

Naturellement, les lames n'y sont pas, le ciel non plus, mais on devine la pensée de l'artiste... Allons ! accrochez, et n'en parlons plus !

ERNEST, *accrochant le tableau, 1er plan droite.*

Là !.. Maintenant que faut-il faire ?

CARON

Ouvrez la boîte à couleurs,.. placez une toile vierge sur le chevalet . et venez ici.

ERNEST, *exécute à mesure les ordres de Caron.*

C'est fait.

CARON

Maintenant, dites-moi... Cette pièce ne ressemble-t-elle pas à un atelier de peintre ?

ERNEST, *regardant.*

En effet...

CARON, *joyeusement.*

Allons, allons, c'est parfait ! (*Allant s'asseoir sur le canapé*). Maintenant, asseyons-nous et causons en toute franchise... Que pensez-vous de ma femme ?

ERNEST, *s'asseyant sur le tabouret.*

Madame Caron ?.. Mais c'est une brave et digne femme.

CARON

Un dragon de vertu !.. je sais cela !..

ERNEST

Je me permettrai d'ajouter que madame Caron est jeune et jolie, et que si elle était veuve...

CARON

Ne vous gênez pas !.. Tuez-moi tout de suite !.. Non, mais si je vous gêne, vous savez !!!

ERNEST

Je n'ai pas voulu dire cela,.. mais simplement que madame Caron est adorable...

CARON

... Et que vous voudriez bien me remplacer ?

ERNEST, *se levant, une main sur le cœur, les yeux au ciel, déclamant.*

Le ciel m'est témoin que mon cœur ne connaîtra jamais d'autre amour que l'amour légitime, l'âme sœur qui doit embellir ma vie.

CARON

Oui, oui, il n'est pas question de ça... Et ma belle-mère... quelle est votre opinion sur son compte ?..

ERNEST

Je sais que madame Lioutard n'est jamais de votre avis. Autant madame Caron est bonne...

CARON

Trêve de compliments sur ma femme !.. Vous êtes de mon avis au sujet de madame Lioutard, créature acariâtre, menteuse,.. chipie, mauvaise langue... et cœtera... Ecoutez, Ernest, cette femme est cause que ma vie est brisée... A la mort de ma première femme, que je pleure toujours... elle n'avait pas de mère, elle, . je restai seul avec ma fille Suzanne...

ERNEST, *exalté.*

Un ange !.. Une jeune fille qui...

CARON, *se levant, marchant de long en large.*

Passons !.. Je pensais ne jamais me remarier, lorsqu'à Vichy je fis connaissance de madame Lioutard et d'Angèle, sa fille... le coup de foudre !.. Un tel coup de foudre que trois mois après je l'épousais, sans me douter qu'avec l'ange qui allait porter mon nom, s'introduiraient dans mon foyer tous les maux pires que la peste : le choléra,.. dans la personne de sa mère... Bref, sous prétexte que ma fille était en âge de se marier, madame Lioutard exigea que ma femme et moi ferions lit à part jusqu'après le mariage de Suzanne...

ERNEST

Pas possible?.. Alors.. rien ?

CARON, *n° 1.*

Rien !.. Pas ça !..

ERNEST, *n° 2.*

Mais, un moyen bien simple pourtant :... marier mademoiselle Suzanne et... je suis...

CARON, *lui coupant la parole.*

J'y avais pensé, et déjà je cherchais dans les jeunes gens de ma connaissance...

ERNEST, *timidement.*

Mais, je suis...

CARON, *sans l'écouter.*

Mais, frémissez ! madame Lioutard me déclara qu'elle voulait choisir elle-même le mari de Suzanne.

ERNEST

Alors ?...

CARON

C'était un truc, car je lui ai présenté vingt jeunes gens, beaux, titrés, riches ; elle les a tous refusés.

ERNEST, *à part.*

Brave femme !

CARON

Vous voyez ma situation... Marié, je suis sans femme, et, père, je ne puis disposer de la main de ma fille. C'est madame Lioutard qui se trouve maîtresse de moi et de ma famille...

ERNEST

Et madame Caron a accepté une situation semblable ?

CARON

Elle a bien essayé de s'y soustraire, mais madame Lioutard a fait dresser son lit entre nos deux chambres, disant qu'il faudrait lui passer sur le corps avant de nous rejoindre, j'avoue que cette perspective m'a enlevé tout courage.

ERNEST

Alors ?...

CARON

Alors, je suis jeune...

ERNEST

Ah !

CARON

Oui, tout au moins, de cœur ; je suis riche, je sens un sang chaud bouillonner dans mes veines... Ne pouvant pas goûter aux fruits conjugaux, je vais mordre dans la pomme de l'adultère.

ERNEST

Mais si madame Lioutard ?...

CARON

Pas de danger !... Vous pensez, j'aime ma femme, et madame Lioutard ne sera pas éternelle.. Aussi, je prends mes précautions.

ERNEST

Si jamais madame Cerbère... non, Lioutard... vous prend, gare le divorce !

CARON

Je sais... Aussi, voici ce que j'ai imaginé... C'est très simple : prenez le journal, là, sur cette table... Ouvrez à la troisième page... Vous y êtes ?..

ERNEST, *a pris le journal et cherche.*

Oui, monsieur.

CARON, *s'asseyant sur le canapé.*

Troisième colonne : « Offres d'emplois ».

ERNEST, *cherchant.*

« Offres... d'emplois ».

CARON

La cinquième annonce...

ERNEST

« Nourrice sèche... 40 ans... »

CARON

Mais non !.. « Peintre de talent... »

ERNEST

Ah, oui !.. *(Lisant)* « Peintre de talent désire « modèle de 18 à 20 ans pour poser l'ensemble... « 5 francs la séance... S'adresser, 3, rue du « Bouloi, de 2 à 4... Inutile se déranger, si pas « très jolie... »

CARON

Comprenez-vous ?

ERNEST

Pas du tout.

CARON

Rue du Bouloi, 3, c'est ici.

ERNEST

En effet.

CARON, *se levant.*

Le peintre de talent...

ERNEST

Eh bien ?..

CARON

C'est moi.

ERNEST

Pas possible ?.. Vous, un ancien grainetier !...

CARON

Est-il bête !. . Voilà : j'ai loué cet entresol... je l'ai meublé sommairement d'ébauches que vous avez accrochées tout à l'heure : une palette, un chevalet, et me voilà peintre... De cette façon, et grâce à l'annonce, dans un moment, toutes les plus jolies filles de Paris seront ici, et, sans risques, je n'aurai qu'à choisir...

ERNEST

Très roublard !

CARON, *se levant.*

Voyons ! deux heures moins cinq...

ERNEST

Mais. pourquoi, moi, votre secrétaire particulier, m'avez-vous fait venir ?

CARON

Ça c'est une garantie... Suivez-moi bien... Admettez que, contre toute vraisemblance, je sois découvert.

ERNEST

Eh bien ?

CARON

Eh bien ?.. C'est vous qui devenez le peintre de talent, et moi, amateur de beaux-arts, vous m'avez invité à venir vous donner mon avis sur une toile que vous devez envoyer au Salon : par exemple. sur « la Lutte de la mer et du ciel »...

ERNEST

Mais. .

CARON

Pas de « mais », ou je vous retire mon estime et votre place... Je vais dans la pièce à côté, vérifier les costumes... S'il vient du monde, ne vous emballez pas... Je reviens...

(*Il sort 2ᵐᵉ plan gauche.*)

SCÈNE II

Ernest, *seul.*

Très roublard, le patron... Mais ça n'arrange pas mes affaires... Et dire que j'accepte tout ça par amour pour Suzanne .. Je vais servir d'eunuque au père pour tâcher d'obtenir la fille !... Ernest, mon ami, tu es trop timide. . Pendant qu'il te faisait ses confidences, tu pouvais lui glisser un mot de ton amour... Il ne pouvait pas me refuser la main de sa fille, ou sinon madame Lioutard... Mais j'y pense, c'est à elle qu'il faut plaire... Que faire ?.. Si je... C'est ça, tant pis pour le patron, je vais le faire pincer... C'est canaille, mais c'est pratique et j'aurai la fille... puis, après tout, il se débrouillera... Voyons !... Madame Lioutard est sûrement chez elle... Un coup de téléphone, personne ne peut savoir d'où ça vient... Je vais lui dire de venir, puis je lui livre le patron contre Suzanne... Je ne vois pas le moyen, autrement, d'obtenir l'âme sœur de mon âme... (*Il va à l'appareil téléphonique. Si on ne peut s'en procurer, Ernest ira derrière le paravent en ayant soin de ne passer que la tête, pour ne pas abandonner la scène complètement*) Allô !... Allô !... 703-48, s'il vous plaît,.. oui, 8... 4 et 4... (*A part*) Ça va être comique !.. Allô !.. Déjà ?... (*A part*) Ça doit être une nouvelle !... Allô !... Madame Lioutard... C'est moi... (*A part*) Moi... suis-je bête !.. Un ami !.. Si vous voulez surprendre votre gendre en flagrant délit d'adultère, venez, 3, rue du Bouloi, à l'entresol... Hein ?.. Mon nom ?.. Impossible !.. Je vous attends... Hein ?.. Quoi ?.. Ah ! oui... vous allez prendre une voiture... A tout à l'heure... (*On frappe*) Hum ! il était temps !..

SCÈNE III

Ernest, Léonie

ERNEST, *allant ouvrir*

Voilà ! voilà !

LÉONIE, *entrant.*

Bonjour, mon p'tit père !

ERNEST, *s'inclinant.*

Mademoiselle !..

LÉONIE

C'est vous, le peintre ?

ERNEST

Non, je suis le secrétaire !

LÉONIE, *descendant n° 1.*

Alors, dis donc,... ça ne te fait rien que je te tutoie?... (*S'asseyant sur le canapé*) Où qu'il est, ton singe ?

ERNEST, *n° 2.*

Quel singe ?

LÉONIE

Ton patron... Dis-lui que je viens pour la pose... parce que si je ne fais pas son affaire, je m' la brise... J'ai pas l' temps de poiroter !..

ERNEST

Il ne va pas tarder... Il est allé chercher des costumes...

LÉONIE

Pour la pose... comment qui s'appelle ?

ERNEST

Caron...

LÉONIE

Caron. - (*Cherchant*) Caron... c'est épatant !... Moi qui croyais connaître tous les peintres de Paris, jamais j'avais entendu parler de celui-là !... Il fait bien ?

ERNEST, *désignant les toiles.*

Regardez !

LÉONIE, *se levant.*

Qu'est-ce que c'est qu'ça ?

ERNEST

Des ébauches... Tenez, ceci vous représente Venise « Le ciel bleu » ; celui-ci, un « Ouragan en pleine mer »...

LÉONIE

Ah !.. Et celui où y a rien dessus ?

ERNEST

Un effet de neige.

LÉONIE

J'aurais pas trouvé ça toute seule !.... Pour un peintre de talent... c'est mouche !

ERNEST

De talent ?

LÉONIE

Tiens, sur son annonce .. « Peintre de talent »..

ERNEST

C'est lui qui le dit !..

LÉONIE

Il n'a pas l'air de s'amener vivement, l'fabricant d'croûtes !

ERNEST, *s'approchant très près un peu au-dessus.*

Alors... vous... vous posez l'ensemble ?

LÉONIE

Un peu, mon n'veu !

ERNEST, *flatteur.*

Vous êtes, du reste, assez bien faite pour ça.

LÉONIE

Je l'écoute !..

ERNEST

Vous savez que... (*A part*) Bigre ! je brûle !

LÉONIE

Que...

ERNEST, *lui prenant la taille.*

Vous êtes charmante !.. (*Lui prenant la main droite dans sa main droite, tout en la tenant par la taille du bras gauche*) Vous avez une main...

LÉONIE

J'en ai même deux !

ERNEST

Un pied... (*A l'oreille*) et .. la jambe...

(*Léonie relève légèrement sa jupe. Ernest s'éloigne un peu.*)

LÉONIE

Jugez !

ERNEST

Bigre !.. (*A part*) Je commence à moins regretter mon nouvel emploi...(*L'embrassant dans le cou après lui avoir repris la taille*) Oh ! Un vrai satin !

LÉONIE

Tu t'y connais !..

SCÈNE IV

Les Mêmes, Caron, *entrant sur la pointe
des pieds.*

ERNEST

Et la joue... (*Il l'embrasse*) une pêche... Et
l'autre...

CARON, *au fond.*

Ne vous gênez pas !..

ERNEST, *quittant Léonie, gagne le n° 3, à part.*

Zut ! le patron !

CARON, *n° 2.*

Si vous croyez que vous êtes ici pour ça !..

ERNEST

Patron, je regardais... simplement... simplement...

CARON

Allons, c'est bon .. Tenez, prenez ce paquet, ce
sont des costumes de Diane... A mesure que ces
dames arriveront, vous leur ferez revêtir un de
ces costumes, puis vous les amènerez... Et surtout, que je ne vous reprenne plus à voir de si
près si les joues sont douces comme des pêches.

LÉONIE, *à Caron.*

Monsieur, je vous assure...

CARON

Eh bien, Ernest... emportez ces costumes ..

ERNEST

Bien, patron ! (*Sur le pas de la porte, après
avoir pris le paquet*). Il va rester seul avec elle,
je ne la verrai plus.
(*Il sort fond.*)

SCÈNE V

Les Mêmes, *moins* Ernest.

CARON, *descendant sur Léonie.*

Quant à vous, Mademoiselle, vous posez l'ensemble ?

LÉONIE, *n° 1.*

Oui, monsieur.

CARON, *n° 2.*

Vous vous appelez...?
(*Il lui fait signe de s'asseoir sur le canapé.*)

LÉONIE, *s'asseyant.*

Léonie.

CARON, *prenant une chaise et s'asseyant face à
elle.*

Vous avez vu les conditions de l'annonce : cinq
francs par séance... Mais il faut être jolie... Vous
savez que la tête ne suffit pas ; sans cela, vous
auriez le grand prix.

LÉONIE *à part.*

Tiens ! il est galant.

CARON, *s'approchant.*

Mais il faut tout... tout...

LÉONIE

J'vais me déshabiller tout de suite, puis, si ça
va, marché conclu.

CARON

Nous avons le temps.

LÉONIE

Ah ! mais, si ça va pas après, j'aurai perdu mon
après-midi ?

CARON

Je vous dédommagerai !

LÉONIE

Alors, ça colle !

CARON, *s'approchant.*

Vous avez des yeux... des yeux... et des mains.
(*Il lui prend les mains dans les siennes.*)

LÉONIE, *à part.*

C'est une manie, ici.

CARON

Et la jambe...

LÉONIE, *à part.*

Non ! mais !.. ça recommence !...
(*Toujours assise, elle relève légèrement sa jupe.*)

CARON

Ah ! quelle jambe ! (*S'asseyant près d'elle sur
le canapé et l'embrassant dans le cou.*) Quel
satin !

LÉONIE, *à part.*

Ça y est ! comme l'autre. (*A Caron.*) Est-ce
que vous faites la cour à tous vos modèles ?

CARON, *se levant.*

Que voulez vous dire ?

LÉONIE

Voilà dix ans que je pose chez les peintres...
j'ai bien été la maîtresse de quelques-uns, mais
jamais j'en ai vu p'loter ainsi... savez-vous !..
(Elle se lève et passe n° 2). J'vais m' déshabiller,
comme ça vous verrez tout d'un coup.

CARON, *n° 1.*

Oui, idole de mon cœur !

LÉONIE, *à part.*

Il est maboule !

> *(Elle enlève son corsage.)*

CARON

Quel joli bras ! *(S'approchant. — Il l'embrasse.)*

LÉONIE

C'est une maladie ! *(On sonne.)*

SCÈNE VI

Caron, Léonie, Ernest.

CARON, *désignant la porte 1er plan droite.*

Tenez, entrez là, je vous rejoins dans un instant.

LÉONIE, *emportant son corsage.*

Je vais m' déshabiller en attendant.

CARON

C'est ça !... Je vais vous porter un costume de
Diane...

> *(Elle sort 1er plan droite.)*

ERNEST, *paraissant 2e plan gauche.*

On a sonné... *(Regardant partout, à part)* Tiens !
la petite n'est plus là !

CARON, *à Ernest.*

Ce doit être encore un modèle... Dis-lui, demain
ou après... Avec Léonie, j'en ai assez pour cet
après-midi... *(Ernest sort par le fond. Seul)* Je
vais lui chercher le plus joli costume... Ah !
Léonie !!...

> *(Il sort, 2e plan gauche)* .

SCÈNE VII

Ernest, Mme Lioutard.

ERNEST

Par ici, Madame.

Mme LIOUTARD, *(entrant)*

Me voici. Je n'ai pas été longue ; du reste, j'ai
pris une voiture *(S'asseyant sur le canapé.)* Me di-
rez-vous, monsieur, ce que signifient vos paroles...
car c'est vous qui m'avez téléphoné ?...

ERNEST, *numéro 2.*

Je vais tout vous dire, espérant par là obtenir
votre indulgence... Je sais que vous détestez votre gendre...

Mme LIOUTARD

Un misérable qui rend ma fille malheureuse,
qui, depuis son mariage n'a pas fait une fois.. non,
pas une seule fois... son devoir de mari !

ERNEST

Je croyais que c'était vous qui l'empêchiez...

Mme Lioutard, *se levant, marchand sur Ernest.*

Mais certainement !.. Un monstre semblable
qui serrerait dans ses bras un ange, comme mon
Angèle !.. Pouah !..

ERNEST

Alors ?...

Mme LIOUTARD, *passant n° 1.*

Alors, j'espérais ce qui arrive aujourd'hui : le
pincer en flagrant délit et divorcer.

ERNEST

Comment divorcer. Vous voulez dire faire divorcer votre fille.

Mme LIOUTARD

Oui... enfin c'est entendu.

ERNEST

Alors pourquoi les avoir mariés ?.

Mme LIOUTARD

Tiens ! il lui reconnaissait la moitié de sa for-
tune, et en mère prévoyante. .

ERNEST

Ah ! très bien !..

Mme LIOUTARD, *prenant Ernest par la main.*

Maintenant, dites-moi : au téléphone, vous
m'avez promis de me faire surprendre mon
gendre...

ERNEST

Oui, mais à une condition...

Mme LIOUTARD

J'accepte d'avance.

ERNEST

Vous m'accorderez la main de Suzanne.

Mme LIOUTARD

Les deux ! C'est pas ma fille. *(Bruit à droite.)*

ERNEST

Du bruit !.. Cachez-vous, derrière ce paravent.. *(Mme Lioutard et Ernest se cachent derrière le paravent.)*

SCÈNE VIII

Léonie, *puis* Caron.

LÉONIE, *entrebaillant la porte ; elle est en jupon, son chapeau sur la tête.*

Pi... ouit !.. Pi... ouit !.. *(Elle avance d'un pas)* Personne !.. Ben ! et mon costume ?.. J' peux pourtant pas rester en liquette !.. Pi... ouit !.. C'est un fou, ce peintre-là !

CARON, *entrant du 2e plan gauche, des costumes sur les bras... à part.*

Je vais lui essayer son maillot !

LÉONIE, *à la porte, 1er plan droite.*

Hé, là-bas !

CARON, *voyant Léonie.*

Elle !.. Et en chemise !..

LÉONIE

Eh bien, l'enflé !.. quand tu voudras !

CARON

Je suis à vos ordres, ô Vénus !

LÉONIE

Ta bouche, bébé !.. Passe-moi ça.

CARON, *lui donnant un costume.*

Je vais vous aider.

LÉONIE

Inutile, j'ai l'habitude...

CARON, *il s'approche.*

Mais !.. *(Léonie lui ferme la porte au nez... A la porte.)* Nini ! ma petite Ninie ! ouvre-moi la porte, pour l'amour de Dieu !.

LÉONIE, *à la cantonade.*

Zut !

CARON, *seul à part lui posant un costume sur le canapé.*

Je vais commander un petit souper aux truffes et faire prévenir chez moi que je rentrerai tard. très tard, le plus tard possible ! *(Il sort, fond.)*

SCÈNE IX

Mme Lioutard, Ernest.

Mme LIOUTARD, *sortant de derrière le paravent, montrant le poing à la porte du fond.*

Misérable ! Canaille !.. *(Descendant n° 1.)* Ma fille ! ma pauvre fille !.. Heureusement qu'elle n'est pas là !.. Sois sans crainte, ta mère veille !.. Décidément, tous les hommes sont des canailles !

ERNEST, *2.*

Madame, croyez bien...

Mme LIOUTARD

Vous, fichez-moi la paix !... Oh ! quelle idée !. Monsieur joue au peintre, il veut des modèles !... Attends un peu !.. *(Prenant un costume que Caron a laissé sur le canapé)* Qu'est-ce que c'est que ça ?

ERNEST

Le costume de Diane.

Mme LIOUTARD

Je la tiens, ma vengeance ! A nous deux, mon gendre !... Vous vous arrangerez, à un moment donné, à faire sortir M. Caron... Venez, je vais vous expliquer .. *(Ils sortent 2e plan droite).*

SCÈNE X

Léonie, Angèle.

LÉONIE, *revêtue du costume de Diane, chasseresse, entrant du 1er plan droite.*

Encore personne !... Ah çà ! on joue à cache-cache, ici !. .*(On frappe)* Entrez ! *(On refrappe)* Entrez ! *(Elle va ouvrir).*

ANGÈLE, *paraissant au fond, saluant.*

Madame!..

LÉONIE, *même jeu.*

Madame...

ANGÈLE, *n° 2.*

Mais je ne me trompe pas !... Léonie !

LÉONIE, *n° 1.*

En effet ! *(Dévisageant)* Ah ! Angèle !...

ANGÈLE, *descendant*, n° 1.

Quelle rencontre !... Depuis la pension !!...

LÉONIE, *n° 2.*

Ma foi, c'est vrai !... Quelle bonne surprise !

ANGÈLE, *s'asseyant sur le canapé.*

Tu es venue faire faire ton portrait ?

LÉONIE, *s'asseyant près d'Angèle.*

Oui et non... Je pose.

ANGÈLE, *s'asseyant sur le canapé.*

Tu poses ?

LÉONIE

Oui, je suis modèle... Mais ne va pas croire...

ANGÈLE

Je ne crois rien... Tu es libre .. Si tu es modèle, c'est que ça te plaît.

LÉONIE

Et toi ?

ANGÈLE

Moi, je suis mariée... ou plutôt remariée, et pourtant, si peu que ça ne compte pas.

LÉONIE

Ton mari te bat ?

ANGÈLE

Non... il me délaisse, ce qui est pire... Je ne lui en veux pas... c'est la faute à maman.

LÉONIE

Les belles-mères... voilà !

ANGÈLE

La preuve que je ne lui en veux pas, c'est que je suis ici.

LÉONIE

Comment ?

ANGÈLE

Mon mari a manifesté le désir d'avoir mon portrait ; mais ma mère s'y est opposée... En lisant le journal tout à l'heure, je vis une annonce...

LÉONIE

C'est comme moi !

ANGÈLE

« Peintre de talent »...

LÉONIE, *continuant.*

«... demande modèle pour l'ensemble »... Tiens, c'est là où j'ai vu l'adresse.

ANGÈLE

En voyant « peintre de talent », je me suis dit : « Si j'allais. sans que maman le sache, faire faire mon portrait, je pourrais ainsi l'offrir à mon mari sans que personne ne se doute de rien ». Dis-moi : tu t'y connais, toi, un modèle,.. a-t-il du talent ?

LÉONIE, *se levant et désignant les toiles suspendues au mur.*

Juge un peu !...

ANGÈLE, *se levant aussi et désignant la toile verte.*

Qu'est-ce que c'est que ça ?

LÉONIE

Un ouragan en pleine mer.

ANGÈLE, *désignant la toile blanche.*

Et ça ?

LÉONIE

Un effet de neige... Note bien que c'est son secrétaire qui m'a donné l'explication de la gravure... Entre nous, ça m'a l'air d'un fumiste, ce peintre Caron... Jamais je n'ai rien vu de lui, et pourtant je connais tous mes rapins sur le bout de la langue.

ANGÈLE, *cherchant.*

Caron... peintre Caron...

LÉONIE

Enfin, vois si j'ai raison : voici dix minutes que nous sommes en tête-à-tête, et personne !... C'est la maison de Robert Houdin !.. Et puis, méfie-toi : ils sont très entreprenants, ici !... (*Elle gagne le n° 1*).

ANGÈLE, *passant n° 2.*

Ils sont ?.. Il y en a donc plusieurs ?

LÉONIE

Caron, le peintre de talent, et Ernest, son secrétaire.

ANGÈLE

Ernest ! le secrétaire ?.. Non, mais je rêve !.. Une pareille coïncidence ?.. Voyons, dis-moi : c'est la première fois que tu viens ici ?

LÉONIE

Oui.

ANGÈLE

Jamais tu n'as entendu parler d'un peintre nommé Caron ? Voyons, l'as-tu vu, ce peintre ? Tu lui as causé ?.. Il a commencé ton portrait.. Enfin, es-tu sûre que c'est un peintre ?

LÉONIE

Un peintre ? Je ne crois pas... Un peloteur !..
Ça c'est autre chose... A peine ici, il m'a tripa-
touillé... Il voulait m'aider à mettre mon maillot..
J'ai l'habitude des ateliers... eh bien, jamais un
peintre ne veut servir de femme de chambre à un
modèle.

ANGÈLE

Comment est-il ?

LÉONIE

Entre deux âges... Pas beau, non pas beau :
favoris poivre et sel... plus de sel que de poivre..
taille moyenne, l'air polisson...

ANGÈLE

C'est lui... Et l'autre ?

LÉONIE

Celui-là : vingt-cinq ans, moustache noire, les
yeux vifs et brillants, bien proportionné, et l'air
aussi polisson que l'autre.

ANGÈLE

Ce sont eux ! *(Arpentant la scène)* Ah ! les gre-
dins ! Se faire passer peintrés pour pelotailler des
petites femmes ! Ah ! je comprends ! et sans un
hasard miraculeux... Ah ! non, c'est dégoûtant !

LÉONIE

Mais qu'as-tu ?.. Tu as l'air agité...

ANGÈLE

J'ai... J'ai... que c'est mon mari...

LÉONIE

Qui ?

ANGÈLE

Le peintre.

LÉONIE

Patatras !

ANGÈLE

Ecoute, tu vas me rendre un grand service : je
veux me venger, mais pas banalement... Tu vas
me donner ton costume et je vais poser à ta place.

LÉONIE

Des costumes ?.. Tiens, il y en a plein la chambre !

ANGÈLE, *en prenant un sur le canapé.*

Parfait !.. Alors, tu retiendras le peintre le
temps de m'habiller ; puis, sors sous un prétexte
quelconque, et je rentrerai à ta place.

LÉONIE

Ça va être drôle ! Quelle tête il va faire !

ANGÈLE

Ma foi, s'il faut me donner pour conquérir mon
mari, . tant pis !

LÉONIE, *ouvrant la porte, 1e plan droite.*

Allons, va !.. à tout à l'heure.

ANGÈLE

Merci, ma chérie... merci !
(Elle sort 1er plan droite.)

SCENE XI

Léonie, Caron.

LÉONIE, *seule.*

Eh bien, ça se corse !.. mais ça promet d'être
drôle... Après tout, je m'en fiche !.. Un vieux !..
Non, c'est pas mon type... Angèle a l'air de l'aimer pourtant... Les femmes honnêtes, ça a de
drôles de goûts, tout de même ! c'est pas comme
tout le monde.

CARON, *entrant du fond.*

Ah ! me voilà !

LÉONIE, *n° 1.*

Eh bien, mon vieux colon, tu t'en charges de
vous faire monter le pied de grue !

CARON, *n° 2.*

Excusez-moi... *(A part)* J'ai commandé un
petit dîner au poivre... hum ! *(Haut).* Nous pou-
vons nous mettre dare dare à la besogne.

LÉONIE

C'est-y pour aujourd'hui ou pour demain, c'te
pose ?

CARON

Ah ! Diane... Non, Léonie, comme ce costume
te sied bien ! comme le maillot se trouve rempli
de tes charmes !

LÉONIE, *à part.*

J'ai envie de l'envoyer à sa femme !

CARON, *se mettant à genoux.*

Laisse-moi baiser tes genoux !

LÉONIE

Non, mais dites donc : est-ce pour ça ou pour
poser l'ensemble que je suis là ?

CARON, *à part.*

Je vais trop vite... beaucoup trop vite... *(Haut.)*
Si vous voulez vous donner la peine de vous pla-
cer ici. *(Il désigne le tremplin.)*

Léonie, *passant devant Caron monte sur le tremplin, face au public.*

Quelle pose ? Au moment où elle lance la flèche, ou bien au moment où elle bande l'arc ?

CARON, *n° 1.*

Non... si... au moment... comme vous avez dit.

Léonie

Voyons comme ça...
(*Elle prend la pose pour bander l'arc.*)

Caron

Avancez un peu la jambe.   (*Il la lui place.*)

Léonie

Mais vous me chatouillez !..

Caron

Oh ! quelle jambe ! Saint Antoine lui-même...

Léonie, *riant.*

Et son cochon...

Caron, *à part, passant n° 2.*

Je vais trop vite... Faisons semblant de la croquer. (*Il va s'asseoir derrière le chevalet et fait semblant de dessiner*). Jamais je n'ai vu quelque chose d'aussi parfait que cette femme-là !.. Cette poitrine !.. Non, mais je me fais une pinte de bon sang, en pensant que cette vieille bique de mère Lioutard ne se doute de rien... Vieux tableau, va ! vieux dromadaire !

Léonie, *sans bouger.*

Non, mais vous n'avez pas fini de marmotter tout seul ?.

Caron

O ange descendu du ciel !

Léonie

C'est de la folie douce.

Caron

Accepte un verre de...

Léonie

Quand vous aurez fini votre croquis, tout ce que vous voudrez ! (*A part*) Il faut bien que je donne le temps à Angèle...

Caron, *dessinant grotesquement.*

Mon Dieu, qu'est-ce que je fais là !.. Moi qui n'ai jamais tenu un crayon de ma vie !.. (*Il fait une femme horrible*) Elle ne va jamais se reconnaître !

Léonie

Repos, hein ? Je suis fatiguée. (*Elle laisse tomber les bras.*)

Caron, *se soulevant.*

Ah ! un petit verre de...

Léonie, *toujours sur le tremplin.*

Voyons voir si ça me ressemble.

Caron

Non, je n'aime pas que l'on voit mes œuvres avant qu'elles ne soient achevées complètement.

Léonie, *câline, descendant.*

Mais moi... Allons bien vite, montrez à votre petite Ninie, votre petite Ninie chérie. (*Le prenant par le cou.*)

Caron

Je ne puis rien lui refuser.

Léonie, *prenant le tableau sur le chevalet et le faisant voir au public.*

Voyons !.. Ah ! quelle horreur !.. C'est moi, ça ?

Caron

Oui !

Léonie

Eh bien, t'as pas de culot !.. Moi, ça ?

Caron

Je vais t'expliquer... Jamais je n'ai su prendre une esquisse... Je ne sais faire que le tableau. C'est drôle, mais c'est comme ça... Tu verras, lorsque ça sera fini, ce sera parfait.

Léonie, *ironique..*

Je m'en doute.

Caron

Allons, méchante... venez là... Un petit gâteau et deux doigts de porto... Tiens, je croyais... Ça doit être dans la pièce à côté... (*Il sort 2e plan gauche*) Une minute, mignonne !

SCÈNE XII

Léonie, Angèle, *puis* Caron.

Léonie, *ouvrant à Angèle.*

Viens !.. Tiens, mets-toi là, derrière le paravent ; tout à l'heure j'irai et tu me remplaceras.

Angèle

C'est ça !
(*Angèle se cache derrière le paravent.*)

CARON, *rentrant n° 1.*

Où diable Ernest a-t-il mis le porto ?

LÉONIE, *n° 2.*

Tu sais, je n'ai pas faim ni soif du reste... Si tu veux, nous allons nous remettre au travail.

CARON, *s'approchant d'elle.*

Au travail ?.. Mais le seul que je veuille faire, c'est de t'aimer, de t'adorer...

LÉONIE, *se dégageant et passant n° 1.*

Mon petit, tu perds ton temps et ta belle jeunesse.

CARON

Il n'y a peut-être qu'un modèle de vertueux à Paris, et je l'ai, c'est ma veine !

LÉONIE, *se replaçant sur le tremplin.*

Allons, à l'ouvrage !

CARON

Mais, je t'en prie...

LÉONIE

Si c'est fini, je vais m'habiller et je file.

CARON

Non, encore un peu.

LÉONIE

Alors, je reprends la pose.

CARON, *allant s'asseoir derrière le chevalet.*

Non, mais est-ce que j'aurais mis la main sur une Jeanne d'Arc ? Ça devient monotone !... Oh ! ma tête! ma tête .. *(Il met sa tête entre ses mains. Léonie va se cacher derrière le paravent, Angèle prend sa place sur le tremplin)* Heureusement qu'il y a le souper... oui, avec des truffes et du poivre... O Ninie !... *(Il relève la tête et voit sa femme)* Non, mais... j'ai la berlue... Bigre de bigre, je rêve !.. Mais c'est ma femme !... c'est un spectre, un fantôme !.. Pourvu qu'elle ne me reconnaisse pas !... *(Il prend la boîte à couleurs et se barbouille, se faisant une énorme paire de moustaches, puis il se lève et cherche à s'enfuir par le côté opposé...)* Ninie .. Angèle... Je deviens fou.., Ernest !.. Ernest ! *(Criant à la porte 2e plan droite)* Au secours !.. Ernest !.. Fermée !.. *(Léonie et Angèle sortent 1er plan. Caron sort fond.)*

SCÈNE XIII

Ernest, Mme Lioutard.

ERNEST, *entre d'abord du 2e plan droite.*

Venez, madame, il n'y a personne.

Mme LIOUTARD, *qui a revêtu le costume de Diane, mais a gardé dessus son manteau, passant devant Ernest et gagnant le n° 1.*

Où est-il, le gueusard ?... vous allez voir sa tête, lorsque je vais lui apparaître comme le spectre du Remords, et de la vengeance.

ERNEST, *n° 2.*

J'ai toujours votre parole, au sujet de mademoiselle Suzanne ?

Mme LIOUTARD

Vous l'avez.. Ah çà ! que fait donc mon gendre ?... Nous l'avons bien vu sortir seul pourtant.

ERNEST, *remontant.*

Je vais le chercher.

Mme LIOUTARD

Non... J'entends son pas... Je le reconnaîtrais entre mille... Rien n'est exercé comme l'oreille d'une belle-mère, lorsqu'il s'agit de son gendre... cachons-nous derrière ce paravent. *(Ils se cachent.)*

SCÈNE XIV

Caron, *seul, puis* Léonie.

CARON, *entrant du fond.*

C'est une hallucination... où ai-je été chercher que ma femme était là, représentant Diane, et posait à la place de Léonie... C'est la chaleur... C'est la chaleur... l'énervement... voyons... Léonie où est elle? pauvre mignonne, elle doit me croire fou... il faut pourtant que je l'invite à dîner... ni .. ni... ni... ni !..

LÉONIE, *entrant du 1er plan droite.*

Vous m'appelez ?

CARON, *n° 1.*

Excusez-moi, mon enfant... j'ai eu un éblouissement... j'ai dû vous appeler Angèle.

LÉONIE, *n° 2.*

En effet.

CARON

Ce n'est rien... une petite chienne que j'ai perdue récemment.

LÉONIE, *à part.*

Il est gentil pour sa femme.

CARON, *à part.*

Je n'ose plus lui proposer de but en blanc...
(Haut) voyons, voulez-vous que nous terminions la
séance.

LÉONIE

Si c'est pas long ?

CARON

Un instant .. replacez-vous là. *(Il l'embrasse
dans le cou.)*

LÉONIE, *elle passe 1.*

Vous, vous trichez.

CARON, *allant s'asseoir.*

Je me sens troublé comme un collégien à sa
première conquête... Aimez-vous les truffes ?

LÉONIE

C'te demande !

CARON

Les écrevisses... le champagne...

LÉONIE

J' le crois !

CARON

Eh bien, j'en ai commandé .. Autant que tu en
pourras boire et manger... en tête à tête avec moi
ce soir.

LÉONIE, *à part.*

Quelle guigne que sa femme soit là.

CARON

Alors, c'est convenu... hein ? on va s'amusr.

LÉONIE

Oh ! v' oui, va !

SCÈNE XV

LES MÊMES, **Ernest**, *traversant au fond sans être
vu de Caron ni de Léonie.*

ERNEST

Je crois que c'est le moment... je vais aller
sonner.

(Il sort an fond.)

CARON, *à part.*

Ah ! Mme Lioutard, vous m'avez forcé à l'absti-
nence. Eh ! bien, tant pis !... après tout, je ne
suis pas de bois ! *(On sonne)* Ernest !... *(Un
temps)* Ernest !.. que fait-il. cet imbécile ?... Ce
doit être Potel et Chabot *(A Léontine)* un instant...
je vais ouvrir... la séance est terminée pour aujour-
d'hui.

LÉONIE, *tendant la main.*

Bon... et c' te thune ?

CARON, *surpris.*

C' te thune ?

LÉONIE

Ben ma roue de derrière, mes cinq balles, quoi !
mes cent sous.

CARON

C'est juste... tiens, voilà un louis !... garde
tout. . tout à l'heure, j'irai te rejoindre... là...
(Désignant la porte 1e. plan gauche).. hein, ne
sois pas cruelle !

LÉONIE, *moqueuse.*

Mais après tu me mépriseras pas, dis ?

CARON

Oh ! amour ! non, je t'aimerai encore davan-
tage si c'est possible. *(On sonne très fort)* voilà !.
voilà !.. va vite !.. je reviens. *(Il sort fond.)*

SCÈNE XVI

Léonie, Angèle.

LÉONIE, *allant à la porte, 1er plan droite.*

Ça y est, viens vite !..

ANGÈLE, *apparaissant, passant n° 1.*

Alors ?

LÉONIE, *n° 2.*

Ton mari doit venir me rejoindre là *(Désignant
la chambre, 1er plan gauche)* ça doit être sa chambre... tu n'as qu'à prendre ma place.

ANGÈLE

Ma foi, ça embêtera maman... mais après tout,
je ne vois pas d'autres moyens de conquérir mon
mari.

LÉONIE

Va vite .. *(Elle la pousse vers la chambre.)*

ANGÈLE, *ouvrant la porte.*

Comme il fait noir !

LÉONIE

C'est à souhait... surtout ne parle pas !

ANGÈLE

Ne crains rien... merci... *(Elle sort ; 1er plan gauche.*

LÉONIE

Y a pas d'quoi. *(Gagnant à droite).* Quelle corvée de moins ! *(Elle sort 1er plan droite.)*

SCÈNE XVII

Mme Lioutard. *puis* **Caron,** *puis* **Ernest.**

Mme LIOUTARD, *en diane, entrant du 2e plan droite elle pose son manteau sur le canapé.)*

Personne ! parfait !.. à nous deux, mon gendre. Ah ! vous voulez des dianes... en voici une à laquelle vous ne vous attendiez pas ! *(Elle prend la pose sur le tremplin et reste immobile).*

CARON, *entrant. Il tourne le dos au public tout en causant, il va s'asseoir derrière la toile.*

Personne ! il n'y avait plus personne. C'est insensé, j'ai demandé à la concierge, elle n'a vu monter personne... pourtant, j'ai bien entendu sonner... Enfin... Léonie m'attend... elle est là. *(Désignant la porte 1er plan gauche)* Oh ! ange !.. C'est vraiment pas bête mon petit truc !.. l'heure est venue, je vais.. je vais.. *(Apercevant Mme Lioutard)* Ciel. Qu'est-ce que c'est que ça ?.. Enfer et damnation.. je suis fou... sous le maillot de diane, les formes de ma belle-mère, *(Se pinçant)* je rêve... j'ai le cauchemar. Au secours... je deviens enragé.. A moi !.. à moi ! *(Il court à la porte du fond, Mme Lioutard se cache derrière le paravent)*

ERNEST, *entrant du fond.*

Qu'y a-t-il ?

CARON, *très bas à Ernest.*

Ernest, mon cher Ernest, venez voir, et dites-moi .. si je suis le jouet d'un songe... que voyez-vous... je n'ose me retourner.

ERNEST, *n° 2.*

Je ne vois rien... ni personne.

CARON, *se retournant.*

Ni personne .. tiens, c'est vrai... Ah ! mon ami.. quelle frayeur... figurez-vous, spectre effroyable... que je viens de voir ma belle-mère posant Diane.

ERNEST

Mme Lioutard ?

CARON

En personne... du moins c'est mon imagination surexcitée qui m'a fait voir. . heureusement cela n'est pas... allez, mon ami... merci... je n'ai plus besoin de vous.

ERNEST

Bien, monsieur ! Tiens et votre modèle ? . il est donc parti ?

CARON

Oui, non, allez ! allez ! j'ai besoin d'être seul. *(Il le pousse dehors, par le fond.)*

SCÈNE XVIII

Caron, Mme Lioutard.

CARON, *seul gagnant à gauche.*

Serait-ce le remords, déjà ?.. non, après tout, je n'ai rien à me reprocher... que ma faute retombe sur ma belle mère qui a créé cette situation sans issue ! *(Mme Lioutard s'est replacée sur le piédestal.)*

CARON, *la voyant.*

Encore !.. spectre... maudit... va-t'en ! va-t'en ou je ne réponds plus de moi. *(Mme Lioutard lui fait un pied de nez).* Tu me nargues... eh ! bien. c'est toi qui l'auras voulu. *(Il va prendre une canne dans le coin à gauche. Mme Lioutard se cache derrière le paravent. Se retournant)* Encore ! partie... puis zut ! je vais retrouver Ninie... *(Il frappe 1er plan gauche .* C'est moi, ouvre... je suis poursuivi par des fantômes. *(Entrant.)* Après l'enfer, allons au paradis.

(Il sort, 1er plan gauche.

SCÈNE XIX

Mme Lioutard, *puis* **Ernest.**

Mme LIOUTARD, *seule.*

Bandit... canaille... enfin te voilà enfermé avec ta péronnelle... je vais te faire voir ce que c'est qu'une belle-mère... Enfin, je tiens donc notre divorce... Ernest,.. Ernest...

ERNEST, *entrant du fond.*

Vous m'appelez, madame ?

Mme LIOUTARD, *n° 1.*

Mon cher enfant, ça y est, le crime se consomme vous avez prévenu le commissaire comme je vous en ai chargé ?

ERNEST, *haut*, *n° 2.*

Oui, madame. (*A part*). Plus souvent j'veux pas me brouiller avec le patron.

Mme LIOUTARD

Dans un moment il sera ici... il ne faut pas que les monstres sortent de leur cage, nous allons élever une barricade devant leur porte... passez-moi les chaises. (*Ils placent les chaises les unes sur les autres, devant la porte*). Le chevalet. (*Même jeu*). Maintenant... ah ! les tableaux !

ERNEST, *décrochant les tableaux et les passe.*

L'effet de neige 1 fr. 40... Le paysage de Venise, l'ouragan en pleine mer... ah ! et la Diane... dessinée par le patron.

Mme LIOUTARD

Maintenant, ouvrez la porte d'entrée que le commissaire ne perde pas un temps précieux à sonner... moi, je monte la garde... mort ou vif, personne ne sortira de ce repaire.

(*Ernest ouvre la porte du fond.*)

SCÈNE XX

LES MÊMES, Léonie.

LÉONIE, *entrant toilette de ville.*

Maintenant, je puis filer.

Mme LIOUTARD, *n° 1.*

Quelle est cette femme ?

LÉONIE, *n° 3.*

Tiens, une consœur.

ERNEST, *un peu au-dessus n° 2.*

Mais c'est Léonie !.. le modèle du patron.

Mme LIOUTARD

Son modèle !.. mais c'est impossible.

ERNEST

Je vous assure...

Mme LIOUTARD

Voyons, mademoiselle... c'est vous qui posiez tout à l'heure Diane chasseresse ?

LÉONIE

Mais oui ma vieille... t'arrives trop tard.

Mme LIOUTARD

Sa vieille !.. trop tard !.. voyons, c'est vous à qui monsieur Caron faisait des déclarations brûlantes ?

LÉONIE

Oui... ça te défrise ?

Mme LIOUTARD, *à part.*

Quelles expressions !.. (*Haut*). Vous qu'il devait rejoindre dans cette chambre ! (*Désignant le 1er plan gauche.*) Ne niez pas, j'étais derrière la porte, j'ai tout entendu.

LÉONIE

Je ne dis pas non... puis après !

Mme LIOUTARD

Mais alors, le coup est manqué puisque vous êtes là et lui enfermé ici.

ERNEST

Buisson creux.

Mme LIOUTARD

J'en mourrai ; il faut qu'il m'explique. (*Frappant.*) Ouvrez ! Ouvrez ! il ne répond pas le lâche. (*Grossissant la voix.*) Au nom de la loi, ouvrez !

SCÈNE XXI

LES MÊMES, Caron, *puis* Angèle.

CARON, *derrière la porte.*

Que me veut-on ?

Mme LIOUTARD

Sortez, monsieur, sortez !

CARON, *passant la tête.*

Encore le fantôme !

(*Il referme.*)

Mme LIOUTARD

Mais non, c'est moi en chair et en os... allons, sortez, il faut que cette comédie finisse !

CARON, *ouvrant.*

Tiens, je suis barricadé.

Mme LIOUTARD

Ernest, délivrez le prisonnier.

ERNEST

Bien. (*A part.*) Ça va chauffer !

CARON, *sortant et précipitant toute la barricade avec un fracas épouvantable.*

Que me voulez-vous, enfin ?

Mme LIOUTARD

Monsieur, je viens vous surprendre en flagrant délit d'adultère.

CARON

Eh bien ! tant pis. Mais (*Se frottant les yeux.*) Comment Léonie, là ?.. mais alors... qui était ici ? madame sortez !

ANGÈLE, *n° 1.*

Voilà !

Mme LIOUTARD, *n° 3.*

Ma fille !

CARON, *n° 2.*

Ma femme !

ERNEST, *n° 4.*

La patronne !

Mme LIOUTARD

Ma fille... vous avec cet homme ?..

ANGÈLE, *passant n° 2.*

Bien. maman, avec ton idée de me séparer de mon mari... il allait me tromper, heureusement que je l'ai su à temps, et que cette bonne Léonie m'a cédé sa place, ce qui fait que mon mari m'a trompée avec moi-même.

Mme LIOUTARD

Tu n'as pas fait ça ?

ANGÈLE

Si, je l'ai fait.

Mme LIOUTARD

Monsieur, vous avez fait cela malgré ma volonté.

CARON

Je l'ai fait sans m'en douter... mais je ne le regrette pas... et désormais rien ne nous empêchera de recommencer.

Mme LIOUTARD

Je n'ai plus de fille... Je me retire chez ma mère.

(*Elle prend son manteau et sort au fond.*)

ANGÈLE

Maman ! (*Voulant courir après elle.*)

CARON, *retenant Angèle*

Non, maintenant tu es ma femme... la femme doit suivre son mari... nous partons dans une heure en Amérique...

ERNEST

Patron... Et mademoiselle Suzanne !

CARON

Tu l'aimes donc ?

ERNEST

Plus que la vie !

CARON

Bah ! tu la rendras heureuse !

ERNEST

Alors nous serons du voyage.

LÉONIE, *passant n° 3.*

Et moi ?

CARON

Vous, je vous lègue l'appartement, les toiles de maître et le reste... car c'est à vous que nous devons notre bonheur.

LÉONIE

Merci, je garderai le tout en souvenir du peintre de talent.

Angèle, 1; Caron, 2 ; Léonie 3 ; Ernest, 4.

RIDEAU

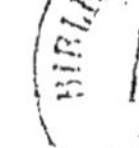

AUTEURS	TITRES DES ŒUVRES	Hommes	Femmes	Prix nets
J. Domerc	Ecole buissonnière (L')	3	»	3 »
Yver-Septmons	Eh ! Ohé ! Ladrupette ! d	2	»	loc.
Trebla-Croisier	Elle ! d	4	1	loc.
Ed. Lhuillier	Elle débute ce soir	1	1	4 »
Delaruelle	El senor Piffardino	1	6	loc.
Marsay	En colonne d	troupe	»	loc.
Lebreton-Moreau	Enfant des halles (L') d	3	2	loc.
Jallais Hubans	Enlèvement des Sabines (L')	troupe	»	loc.
Guillemaud-de-Marsan	Enfants d'Edouard (Les) d	2	3	loc
Lebreton-Duroc	Enragés d	4	4	loc.
Villebichot	Entre deux jardins	1	1	4
Lebreton-Duroc	Entresol d'Eugène d	4	6	loc.
Garnier-Vallès	Erreur de Bridouille (L')	3	2	loc.
Banès	Escargot (L')	2	3	6 »
A. Pajol	Esprits d'Argenteuil (Les)	5	2	loc.
D. Dihau	Eternel roman (L')	1	1	4
Dourel-Roydel-Tranel	Etrennes utiles	3	2	loc.
Garnier-Vallès	Exploits de Malichard Les)	6	4	loc.
L. Bouvet-Ch. Darantière	Extras de Balochard (Les) d	4	4	loc.
St-Paul-G. Rose, fils	Fais ça pour moi	3	2	loc.
F. Beauvallet	Faites le jeu, Messieurs d	3	1	loc.
Moreau-Gramet	Famille Nitouche (La)	3	4	loc.
Lebreton-Moreau	Farces du Printemps (Les) d	6	4	7 »
St-Agnan Choler	Faut du prestige (vaud.) d	3	2	loc.
Lebreton-Duroc	Faut que j'casse la g. à Baptiste d	5	3	loc.
De Lanoel-Lions	Félicité	2	2	loc.
Flers	Femina d	troupe	»	loc.
Ch. Gabet	Femme de Valentino (La) d	2	2	loc.
Moreau	Femmes qui fument (Les) D	7	8	loc.
F. Chaudoir	Fête à Claudine (La)	1	1	4 »
E. Duhem	Fête à M. le Maire (La)	5	2	4 »
Dorfeuil-Bouvet	Fiancé des Nourrices (Le) d	4	5	loc.
Javelot	Fiancés berrichons (Les)	1	1	3 »
Soulié	Fiancés du bonnet de coton (Les)	1	1	5 »
L. Vasseur	Fichue idée d	2	1	5 »
Brigliano-Talber	Fichue situation d	4	4	loc.
Liouville	Fièvre phylloxérique (La)	3	2	4 »
Bertrié	Fille du charpentier (La)	3	1	5 »
Lebreton-Moreau	Fille du marin (La) d	8	7	loc.
Dourel, Roydet, E. Hervé	Filles de Cornenville (Les)	4	7	loc.
Lebreton-Soudant	Filles de la Cantinière (Les) d	7	4	loc.
Lebreton-Moreau	Fils à Papa (Le) d	4	7	loc.
ebreton-Moreau	Fils de Gouape	4	4	loc.
Chanlieu et Bauaille	Fils de M. Alphonse (Le) (vaud.) d	5	2	loc.
Duroc-Mailfait	Five O'Clock de la Baronne	7	2	loc.
Villebichot	Fleuriste et typographe	1	1	5 »
Lebreton-Talber	Foire aux nichons, (La) d	7	7	loc.
Pradels-Quinel	Fosse aux ours (La)	4	4	loc.
Lemonnier	Françoise les bas bleus d	troupe	»	loc.
Moreau-Soudant	Francs-tireurs de la mort (Les)	troupe	»	loc.
Lebreton-Beissier	Frangine (La) d	7	6	loc.
Lévy-Merset	Fantrognon d	8	11	loc.
Lebreton-Moreau	Frère de lait (Le)	1	2	4 »
Carin-Tomy	Friper's and Cⁱᵉ d	5	9	loc.
Lebreton-Moreau	Friquet d	9	7	loc.
Cieutat	Furet (Le)	»	1	4 »
Moreau-Touzé	Gai gai mariez-vous !	4	3	loc.
Moreau-Darsay	Gaîtés du bastion (Les)	5	3	loc.
Seraine	Garde champêtre de Corneville (Le)	1	»	1 »
Lebreton-St-Paul	Gontran se marie	3	2	loc.
Froyez-Colias	Grand Duc Moleskine (Le) d	6	6	loc.
Lefort	Grand papa de la chanson (Le) d	1	1	3 »
Lebreton-Blairat	Grenouille (La) d	4	2	loc.
Hervo-Merki	Grève des Boulangers (La)	5	»	1 »
Moreau-Marcus	Grève des facteurs (La)	2	2	loc.
M.-Brisac	Guerre aux hommes (La) d	6	7	loc.
Lebreton-Nicolče	Gueule d'Or d	6	6	loc.
Lebreton-Moreau	Héritière des Carapattas (L') d	8	8	loc.
Villebichot	Hirondelles de la rue (Les)	»	2	3 »
Lebreton-Blairat	Homme pâle (L') d	4	2	loc.
Lebreton-Duroc	Hôtel d'Artistes d	troupe	»	loc.
Lebreton-Duroc	Hôtel de Noblepanne d	4	4	loc.
Darantière et Bouvet	Hôtel du lac bleu (L') d	7	6	loc.
Dourel-Roydel-Just.	Hôtel modèle d	7	7	loc.
H. Barbé-de-Téramond	Huissier des beaux jours (l')	3	2	loc.
Autigeon-Dourel	Hypnotiseur malgré lui (L') d	3	2	loc.
Mize-Bernède	Idées de M. Coton (Les) d	3	2	loc.
Bessière-De Noter	Ile de Nénuphar (L')	5	2	loc.
Moniot	Jacotte	3	1	5 »
Liger-Aubrun	J'ai perdu Virginie	3	1	loc.
Nargeot	Jeanne, Jeannette et Jeanneton d	2	3	loc.
Michiels	Jefque et Trinne	3	1	8 »
St-Paul	J'en ai plein le dos	2	1	4 »
Lebreton-Soudant	J'épouse ma bonne d	5	4	loc.
A. Perronnet	Je reviens de Compiègne	»	1	4 »
Yvel	Jeune homme du Tunnel (Le) d	3	3	loc.
Bernicat	Jeunesse de Béranger (La)	3	1	6 »
Lebreton-Moreau	Jocrisses du mariage (Les) d	troupe	»	loc.
B. Lebreton	Joies du divorce (Les) d	troupe	»	loc.

AUTEURS	TITRES DES ŒUVRES	Hommes	Femmes	Prix
L. Collin	Journée aux soufflets (La)	1	1	4 »
J. Fétol	J'teux de sorts (Le)	7	4	loc.
Fransois-Derys	Jules d	1	1	loc.
Herpin	Ki-Ki-Ri-Ki d	troupe	»	loc.
Soudant	Lâchée	5	1	loc.
Desormes	Leçon de musique (La)	1	1	4 »
I. Clérice	Léda d	troupe	»	loc.
St-Paul	Leroy s'amuse	3	3	loc.
A. de Lorde	Lettre (La) d	1	2	loc.
Cazaneuve	Loi du pal (La) d	troupe	»	5 »
Herpin	Lune de Miel (La) d	troupe	»	loc.
L. Péricaud et Villemer	Lune de Miel normande	1	1	loc.
Moreau-Gramet	Ma Colonelle	2	2	loc.
Clairville fils	Madame la baronne d	1	1	4 »
Wachs	Madame le docteur	2	1	4 »
Lebreton-St-Paul	Mademoiselle le Docteur	3	2	loc.
V. Roger	Mademoiselle Louloute	2	2	5 »
Bessière-Marinier	Maire et Martyr d	3	2	loc.
Talexy	Maître Grelot	4	1	7 »
Bouvet	Major Purjotin (Le)	4	3	loc.
Moyne-Jacoulot	Mamzelle Claudinette d	3	2	loc.
Par Nemo-Celval	Mamzelle Culot	troupe	»	loc.
De Lajarte	Mam'zelle Pénélope d	3	1	7 »
De Champelos-Jacquin	Mamz'elle Puryné	3	1	loc.
Fransois	Mandat (Le) d	7	3	loc.
L. Bouvet et Dottin	Mannequin (Le)	3	2	loc.
Jouhaud	Mariages riches	1	1	3 »
Moniot	Marianne et Jeannot d	1	2	8 »
Tollet-Frot	Marié sans l'être	4	»	3 »
Moreau-Duroc	Maris jaloux (Les)	5	2	loc.
Simiot	Mariés de Nanterre (Les)	1	2	4 »
Beissier-Sciama	Mars et Vénus	3	2	loc.
Moreau Boucherat	Médjidié (Le)	3	1	loc.
Gresset-Bernard	Méfiez-vous d'Oscar d	3	2	loc.
E. André	Melon (Le) (monologue saynète)	1	»	2 »
Moreau-Darsay	Ménage Poire (Le)	2	2	loc.
Desormes	Menu de Georgette (Le)	3	2	8 »
Ch Gabet	Mérite des femmes (Le) d	4	4	loc.
Soudant-Moreau	Mimi Vadrouille	troupe	»	loc.
Lebreton-Moreau	Miss Kissmy d	5	5	loc.
Beissier	Miss Million d	troupe	»	loc.
Bessier-Moreau	Môme aux Camélias (La) d	troupe	»	loc.
Bessière-Ruffier	Môme aux grands yeux (La) d	8	6	loc.
Chassaigne	Monsieur Auguste d	1	1	3 »
Garnier-Vallès	Monsieur ma belle mère	2	3	loc.
Lebreton-Moreau	Monsieur Sans Gêne d	troupe	»	loc.
Blairat-Neuillet	Mouche (La) d	5	7	loc.
Moreau-Touzé	Mouche du Coche (La)	4	2	loc.
Joly	Myope et presbyte d	1	1	4 »
Desormes	Nègre de la Porte St-Denis (Le)	3	3	loc.
Dorfeuil-Moreau	Nez de Cyrano (Le) d	troupe	»	loc.
E. Lhuillier	Nez enchanté (Le)	1	1	3 »
Lebreton-Blairat	Ninie la Rouquine d	5	3	loc.
Herpin	Noce à Grospoulot (La)	5	7	loc.
F. Barbier	Noce à Suzon (La)	1	1	4 »
L. Collin	Noces d'or (Les)	2	4	5 »
	Nombrikatus 1ᵉʳ D	5	7	loc
Bouvet-Darantière	Nos bons touristes d	5	4	loc.
Lebreton-Beissier	Nos Marsouins en Chine d	7	4	loc.
Moreau-Gramet	Nos petites Chattes	3	3	loc.
Dorfeuil-Guillemaud-Duharnois	Nos pioupious d	6	4	loc.
Lebreton-Moreau	Nos voisins d	6	6	loc.
V. Roger	Nourrice de Montfermeil (La)	2	3	8 »
Ch. Gabet	Nouvel Achille (Le) (vaud.) d	5	1	loc.
Touvé Prud'homme	Nuit de Noces de Beauflanchet	6	4	loc.
Jacobi	Nuit du 15 octobre (La) d	3	1	6 »
A. de Lorde	Old Nubian's Black !	1	2	loc.
Dédé fils	Oncle et Neveu	3	»	3 »
Louis Bouvet	Oncle Maboulin (L')	4	4	loc.
Marc-Sonal-Grélun	On demande des jolies femmes	6	11	loc.
Bessière-Ruffier	Ordonnance Bezuchet (L')	2	2	loc.
St-Paul-G. Rose, fils	Ordonnance malgré lui	3	2	loc.
Berthelot-Roland	Othello chez Thaïs d	4	10	6 »
Pacra Emmecé	Où est le père	8	4	loc.
Dufils	Paille et la Poutre (La)	»	2	loc.
Boulay-Layrice	Palmé D	4	5	loc.
Billemont	Pantalon de Casimir (Le)	1	1	6 »
A. Petit	Par autorité de Justice d	7	9	loc.
Dorfeuil-Moreau	Paris aux Courses d	troupe	»	loc.
F. Barbier	Par la fenêtre	1	1	loc.
Lambert-Lebreton	Par la Gymnastique d	2	2	loc.
Henry Moreau	Partie de Campagne d	troupe	»	loc.
Ed. Lhuillier	Pasquinette	1	1	3 »
Bénédite-Jancourt	Le pays Vierge d	8	4	loc
Moreau-Darsay	Pension Carabin (La)	5	4	loc.
L. Bouvet	Pensionnat St-Amour (Le)	4	4	loc.
Albert Lambert	Père Suroit (Le) d	3	1	loc.
Offenbach-Roques	Péri-Colle (Parodie de Périchole)	2	1	»

AUTEURS	TITRES DES ŒUVRES	Hommes	Femmes	Prix nets
Lebreton-St-Paul	Péril jaune (Le)	2	2	loc.
Perrault-Maty	Perruche de ma femme (La) d	4	3	loc.
Tréblat-St-Cyr	Personne (drame en 5 minutes)	2	1	1 »
Bouvet-Schmoll	Petit Assommoir (Le) d	6	6	loc.
L. Collin	Petit Spahi (Le)	3	3	5 »
Lebreton-Moreau	Petite baronne (La) d	6	9	loc.
L. Bouvet-St-Paul	Petite fifi (La)	3	3	loc.
Linas	P'tite bête vit encore (La) d	1	1	4 »
Lebreton-Moreau	Petite colonelle (La) d	7	3	loc.
Lebreton-Moreau	Petites Menichons (Les) d	troupe	»	loc.
A. Petit	Petits lapins (Les) d	4	9	loc.
Maurey et Jimbu	Petits Trottins (Les) d	5	6	loc.
Lebreton-Moreau	Petits Zouzous (Les)	troupe	»	loc.
J. Clérice	Phrynette d	5	9	loc.
André	Picotin (Le)	1	2	loc.
Lebreton-Beissier	Piston de Clémentine (Le)	3	2	loc.
H. Alavoine	Plomechat et Cie d	4	6	loc.
F. Barbier	Points jaunes (Les)	1	1	5 »
Desfossez-Piccolini	Pommes d'amour (Les)	6	4	loc.
Cinoh-Verdellet	Pompier d'Endoume (Le)	troupe	»	loc.
Gresset-Bernard-Letorey	Pompier d'Ernestine (Le) d	2	2	loc.
Autigeon-Dourel	Poste restante 222 d	4	3	loc.
F. Barbier	Poupée automate (La)	1	1	5 »
St-Paul-G. Rose, fils	Pour avoir la fille	4	3	loc
Fay	Pour qui le gosse ?	2	3	loc.
A. Lambert	Première brouille (La) comédie	»	1	1 »
Couturet	Premières amours d	4	1	loc.
F. Barbier	Premières armes de Parny (Les)	1	3	5 »
G.Rosefils-H.Ryvær	Prestige de l'uniforme (Le)	4	2	loc.
Moreau	Professeur de chant (Le)	1	1	3 »
De Ste-Croix	Pygmalion	1	2	4 »
Garnier-Héros	Queue du Diable (La) d	troupe	»	loc.
Delilia-Héros	Qui va à la Chasse	2	2	loc.
L. Collin	Qui se dispute s'adore	1	1	3 »
Ch. Lecocq	Rajah de Mysore d	troupe	»	8 »
Villebichot	Réponse du Berger (La)	1	1	4 »
Moche	Retour de Colombine (Le)	2	1	4 »
Jacoutot	Retour de Kerdrec (Le)	2	1	4 »
Meugé	Retour de Margotte (Le)	1	1	4 »
L. Collin	Retour de Musette (Le)	1	1	4 »
Autigeon-Dourel	Revanche de Verluisant (La) d	5	2	loc.
Autigeon-Dourel-Heydel	Revenants (Les) d	3	3	loc.
Marsèle-A. de Lorde	Rêves d'un soir	1	1	5 »
St-Paul	Revue interdite	4	4	loc
Guillemaud	Rien des Agences d	3	2	loc.
Lhuillier	Risette	»	1	1 »
Ch. Thony	Robes et Manteaux d	5	9	loc.
F. Chaudoir	Roi Claquette (Le) d	3	3	6 »
Desormes	Roland furieux	3	1	5 »
L. Desormes	Romance impossible (La)	2	»	2 »
Busnach	Rosière de Valentino (La) d	2	3	loc.
Michiels	Rosière d'Interlaken (La)	1	1	4 »
Ch. Gabet	Ruy Black (v) d	—	6	loc.
Claments	Saint-Yvon (La) d	2	1	5 »
Ch. Lecocq	Sauvons la caisse d	1	1	6 »
Matrat-Febvre-Bonnamy	Septième Escouade (La) d	8	7	loc.
Darantière-Bouvet	Sergent Sans-Souci (Le) d	6	6	loc.
R. Planquette	Serment de Mme Grégoire (Le)	1	1	8 »
Lebreton-Soudant	Serment du marin (Le) d	4	2	loc.
Lebreton-Moreau	Signe de Léda (Le) d	8	8	loc.
Ouvier	Simone et Boquillon	2	1	5 »
Lebreton-Duroc	Soir de Noce	4	4	5 »
Mailfait	Soirée bourgeoise	2	2	loc.
Leserre	Soirée d'amateurs . . . pochade	5	»	1 »
Lebreton-Moreau	Soldat !	5	5	loc.
Bernard-Gresset	Souffleur par amour d	3	1	loc.
Meyan	Soupirs du cœur	3	2	5 »
Ch. Malo	Souviens-toi de Clémentine	2	1	4 »
Moreau-Darsay	Spiritisme des Familles	4	4	loc.
Tac-Coen	Suzette, Suzanne et Suzon	4	1	loc
Levavasseur	Tante d'Amérique (La)	3	3	loc.
Wachs	Tata chez Toto	2	1	4 »
Lempereur et Primard	Témoin (Le)	3	1	loc.
Lambert-Lebreton	Terre-Neuve d	3	5	loc.
Marc Sonal	Théophile	2	1	loc.
Chassaigne	Toc	2	2	loc.
Hervé	Toinette et son carabinier	2	1	5 »
Bessier-de Gorsse	Tonton d	3	3	6 »
Wachs	Totor et Titine	1	1	loc.
Hubans	Tour de Moulinet (Le) d	2	1	4 »
Cartier	Train des Maris (Le)	2	2	4 »
Moreau-Duroc	Tranquil'hôtel	5	4	4 »
Moreau-Darsay	Trente mille francs par an	2	2	loc.
Lebreton-Moreau	Treize jours d'un Parisien (Les) d	troupe	»	loc.

AUTEURS	TITRES DES ŒUVRES	Hommes	Femmes	Prix nets
Lebreton-Moreau	Treizième spahis (Le) d	troupe	»	loc.
Ch. Gabet	Trésor des Dames d	2	1	loc.
Lebreton-Moreau	Trio de troupiers d	7	5	loc.
Lebreton-Téramond	Trois Gosses (Les)	4	4	loc.
Bouvet	Trois hercules pour une femme	3	2	loc.
Bessière	Troisième du trois (La)	6	6	loc.
Lebreton-Moreau	Trois Maçons (Les) d	4	2	loc.
Guillemaud-de Marsan	Truc de Binochet (Le)	3	2	loc.
Lambert-Lebreton	Truc du Pharmacien (Le)	4	1	loc.
.. David	Tu l'as voulu d	3	1	6 »
Héros-Jost	Tziganie dans les Ménages (La) d	troupe	»	loc.
Javelot	Un amour d'épicier	2	1	4 »
Bessière	Un attentat au bois	2	2	loc.
Cardet-Lannoy	Un bon ami	2	1	loc.
D. Fay	Un bon tuyau	9	4	loc.
P. Henrion	Un charcutier dans les fers	1	1	4 »
Chassaigne	Un Coq en jupons	1	1	4 »
Banès	Un do malade	2	1	5 »
Wachs	Un domestique pour rire	1	1	4 »
Moreau-Gramet	Un dragon pour deux	3	2	1 »
L. Roy	Un épicier peu commode	4	2	loc.
J. Laurens	Un futur sur le gril	2	1	4 »
Ch. Malo	Un gendre à poigne	2	2	5 »
H. Levavasseur	Un grand criminel	4	2	loc.
Pericaud	Un hercule qui ne veut pas se rouiller	2	1	4 »
St Paul	Un jour d'audace	4	2	loc.
Cambillard	Un mariage à la force du poignet	1	1	3 »
Ch. Malo	Un mariage au flageolet	1	1	4 »
Dauphin	Un mariage en Chine d	4	1	6 »
F. Bernicat	Un mari à l'essai	1	1	4 »
Pericaud	Un mari en grande vitesse	3	1	4 »
Moreau-R. Parault	Un mari somnambule	2	2	loc.
L. Collin	Un mauvais conscrit	2	»	4 »
Blanchard de la Bretesche	Un mois de clou d	3	2	loc.
Chassaigne	Un 1er jour de ménage	1	1	4 »
F. Barbier	Un souper chez Mlle Contat	»	2	5 »
Bernicat	Une aventure de la Clairon	2	2	6 »
Lebreton-Blairat	Une Consultation d	4	3	loc.
Garnier-Vallès	Une Corbeille de Noce	5	3	loc.
E. André	Une drôle de Marquise	2	1	3 »
Claments	Une étoile d'antichambre d	2	1	5 »
Jouhaud	Une femme du quart de monde	2	1	4 »
Villebichot	Une femme qui bégaie d	3	2	6 »
L. Roques	Une femme tombée du Ciel	1	1	5 »
Villebichot	Une fille à trucs	3	1	4 »
Liouville	Une fille en loterie	2	1	4
Touzé-Monjardin	Une intrigue chez les Mouchamiel	2	1	loc.
Desormes	Une lune de miel normande	1	1	4 »
L. Collin	Une mariée sans mari	1	1	4 »
Ed. Lhuillier	Une marine à la vapeur	1	1	3 »
Desormes	Une mauvaise connaissance	3	2	5 »
Moreau-Darsay	Une mauvaise nuit	2	2	loc.
Moreau-Dorfeuil	Une nuit de Paris d	troupe	»	loc.
Bouvet-G. H.	Une nuit chez les Grafouillot d	4	3	loc.
Duhem	Une partie à Robinson	2	2	4 »
L. Martin	Une partie de pêche	5	4	loc.
Wachs	Une pleine eau à Chatou	2	1	4 »
Bernicat	Une poule mouillée	1	1	4 »
Lebreton-St-Paul	Une Rosserie	2	2	loc.
De Paniagua	Une sale Histoire d	3	2	loc.
Chassaigne	Une table de café	2	»	4 »
Robillard	Une tempête conjugale	1	1	4 »
Liger-Aubrun	Urticaire (L')	4	1	loc.
Habrekorn-Lalourette	Vache à Palu (La) d	4	1	loc.
R. Planquette	Valet de cœur (Le)	1	1	4 »
St-Paul	Vase de Soissons (Le)	3	2	loc.
J. Walter	Végétariens (Les) d	7	2	loc.
Robillard	Vengeance de Ramolli (La)	2	1	4 »
L. Roques	Vénus infidèle (auteur de mars) d	1	2	4 »
Autigeon	Vie de garçon (La) d	6	16	loc.
Lebreton-Moreau	Vierges du chahut (Les) d	5	0	loc.
Desgranges	Vieux Sorcier (Le) d	3	2	6 »
—	Villa des Gaffes (La) d	»	»	loc
Lebreton-St-Paul	Vingt-cinq minutes d'arrêt	2	2	loc.
Burani-Planquette	Vingt-huit jours de Champignolette d	6	4	loc.
Vallès-Talber	Vingt-huit jours de Gorenflot (Les)	7	3	loc.
Ratcée-Bordeaux	Vive la Classe d	6	8	loc.
Normand-Vallès	Vive les Bleus	7	4	loc.
Lebreton-Moreau	Vocation d'Isoline (La)	1	2	5 »
Jacobi	Voilà l'plaisir, mesdames	1	1	4 »
Ch. Hubans	Voiture à vendre d	2	»	4 »
Lebreton-Moreau	Volontaire de 92 (Le) d	7	2	4 »
Tac-Coen	Volontaire et vivandière	1	1	4 »
P.Talber-Delattre	Volupté des dames (La)	4	3	loc.
Guy-Nory-Marius	Zidore d	6	7	loc.

Livrets d'opérettes et de vaudevilles, net : 1 franc.

Vannes. — Imp. Lafolye. — 5613-1901.

9 782019 981822